DISTURBO BIPOLARE

Guida alla comprensione e alla gestione del disturbo bipolare

Amanda Allan

Copyright © 2024 by Rivercat Books LLC

All rights reserved.

No portion of this book may be reproduced in any form without written permission from the publisher or author, except as permitted by U.S. copyright law.

CONTENTS

Introduzione	1
Capitolo 1: Cos'è il disturbo bipolare?	3
Capitolo 2: Quali sono i quattro tipi di disturbo bipolare?	6
Capitolo 3: Quali sono i sintomi da tenere d'occhio?	9
Capitolo 4: Come viene diagnosticato il disturbo bipolare?	16
Capitolo 5: Quali sono le cause e i fattori di rischio del disturbo bipolare?	20
Capitolo 6: Come viene normalmente trattato il disturbo bipolare?	23
Capitolo 7: Trattamenti alternativi per la gestione dei sintomi	29
Capitolo 8: Aiutare le persone care affette da bipolarismo	39
Capitolo 9: Modi per prevenire futuri episodi di malumore	53
Conclusione	57

INTRODUZIONE

Qualsiasi medico o professionista sanitario può esaminare una malattia mentale utilizzando le conoscenze acquisite in molti anni di pratica e dare consigli su come gestirla, ma come si fa a riconoscere i sintomi e a trovare un trattamento come una persona normale, di tutti i giorni? Come si fa a riconoscere i segni di un'imminente collisione con gravi sbalzi d'umore, settimane senza dormire e, peggio ancora, la mancanza di sapere quando chiedere aiuto?

Le persone affette da disturbo bipolare non diagnosticato o non trattato tendono a non pensare in modo molto chiaro durante un periodo di forti emozioni, il che purtroppo lascia spesso dietro di sé una scia di distruzione. I loro familiari possono essere stressati e confusi sul perché si comportino in questo modo quando il giorno prima stavano benissimo, e si affannano ulteriormente a sistemare i pezzi rotti che la persona amata ha lasciato dietro di sé.

Questo è solo uno dei tanti scenari che chi ha a che fare con i sintomi del disturbo bipolare può essere costretto ad affrontare ogni giorno. Le conseguenze di un mancato trattamento dei sintomi possono essere spaventose e talvolta pericolose, sia per la persona che per i suoi cari. Tuttavia, c'è ancora una luce splendente alla fine di quello che sembra essere un tunnel buio e impossibile. Il recupero e il controllo dei sintomi del disturbo bipolare sono possibili con un trattamento adeguato, l'impegno a migliorare e l'amore e il sostegno di familiari e amici.

Questo libro non è una guida per medici e infermieri, piena di terminologia medica e di casi di studio, ma è piuttosto una risorsa per chi cerca di amare e sostenere se stesso o di aiutare una persona cara a vincere la battaglia contro il disturbo bipolare.

CAPITOLO 1: COS'È IL DISTURBO BIPOLARE?

La malattia mentale comunemente chiamata disturbo bipolare è oggetto di discussione nella società e nei programmi televisivi, ma molto raramente viene rappresentata correttamente. Si vede qualcuno che agisce in modo irrazionale e fa di tutto per fare del male alle persone, o che è sospettato di un crimine brutale. Queste rappresentazioni non fanno altro che aumentare lo stigma nei confronti di persone che stanno già combattendo una dura battaglia contro il proprio cervello. Forse, se tutti sapessero cosa comporta questa malattia mentale e cosa stanno passando le persone che ne soffrono, sarebbero più solidali e incoraggianti nei confronti di chi cerca disperatamente aiuto.

Che cos'è esattamente il disturbo bipolare?

Il disturbo bipolare è una condizione mentale spesso grave che dura tutta la vita e che, in parole povere, è considerata una montagna russa emotiva di alti e bassi.

Gli alti e bassi di questa montagna russa sono chiamati mania e depressione. Gli sbalzi d'umore estremi e il tributo che ne deriva possono influenzare ogni aspetto della vita di una persona. Incidono sulla qualità del sonno e sui livelli di energia. Influenzano l'attenzione e la concentrazione, causando l'incapacità di pensare con chiarezza e, di conseguenza, influenzano il comportamento e il giudizio. Tutti questi aspetti possono causare problemi nel rendimento lavorativo o scolastico e nelle relazioni personali. La fiducia e l'autostima possono essere facilmente distrutte, spesso trascinando con sé la vita sociale. Quando le persone non sono in grado di pensare con chiarezza, possono prendere decisioni sbagliate che possono portare a problemi finanziari e legali.

Tutti hanno sperimentato almeno una volta nella vita sentimenti depressivi. Spesso riconosciuti come sentimenti estenuanti di tristezza e solitudine, questi comportamenti compromettono notevolmente la capacità di essere sociali e personali con chi ci circonda, nonostante il desiderio interiore di farlo. Questa sensazione di essere un peso può far venire voglia di chiudersi in se stessi, lontano da tutta la società.

La mania si colloca all'estremo opposto dello spettro dell'umore rispetto alla depressione. È come bere 50 bevande energetiche in una volta sola e poi lanciarsi in caduta libera da un grattacielo. È stare svegli a letto tutta la notte con gli occhi chiusi aspettando che sorga il sole e avere ancora la voglia e l'energia per affrontare una giornata frenetica e piena di attività il giorno dopo. È essere così entusiasti di raccontare una storia a qualcuno che ci si dimentica di prendere fiato. È allenarsi per tre ore di fila e avere ancora un'energia infinita. È il cuore che batte forte e l'incapacità di stare fermi quando si cerca di rilassarsi. Sono i pensieri intrusivi casuali che portano le conversazioni in tutte le direzioni, tranne che nel punto previsto della storia. A volte, questi pensieri intrusivi possono essere così estremi da far emergere allucinazioni e deliri. A volte i pensieri diventano così spaventosi da richiedere un ricovero in ospedale per la propria sicurezza. Dopo ogni caduta libera c'è un crollo, e l'altezza di quel grattacielo è la stessa che si avrà quando si toccherà il fondo. La distruzione causata durante la caduta avrà delle conseguenze e a volte l'enorme quantità di danni inflitti vi lascerà lì a ripulire tutto. Soli. Senza speranza. Depressi.

La mania ha una sorella minore meno intensa, chiamata ipomania. L'intensità e la gravità dell'ipomania sono considerate significativamente inferiori rispetto a un episodio maniacale completo. Anche la probabilità di entrare in uno stato di psicosi è minore rispetto alla mania. L'ipomania può essere l'inizio di un episodio maniacale completo o un punto di passaggio da un episodio maniacale a uno depressivo maggiore.

I sintomi non saranno sempre evidenti e la mania e la depressione non saranno sempre presenti. A seconda dei livelli di stress e della capacità di gestire i sintomi, una persona affetta da questa malattia mentale può passare lunghi periodi di tempo senza un episodio di umore grave. Tra un episodio e l'altro possono comunque verificarsi sbalzi d'umore, ma non così gravi.

Esiste una differenza tra disturbo bipolare e depressione maniacale?

La risposta a questa domanda è sia sì che no. Depressione maniacale è il termine originario del disturbo bipolare che risale all'Antica Grecia, quando fu usato per descrivere i sintomi di tutte le malattie mentali di natura emotiva o legate all'umore. Nel corso del tempo, il termine "maniaco" è stato stigmatizzato e reso meno clinico. Negli anni '80 la diagnosi è stata ufficialmente modificata in disturbo bipolare. È possibile che i termini medici vengano utilizzati in modo intercambiabile, ma il termine corretto è disturbo bipolare.

CAPITOLO 2: QUALI SONO I QUATTRO TIPI DI DISTURBO BIPOLARE?

Se conoscete il disturbo bipolare, molto probabilmente conoscete anche i tipi uno e due di disturbo bipolare. Tuttavia, la conoscenza del disturbo bipolare da parte del grande pubblico si limita ai tipi uno e due. Non molti sanno che esistono in realtà quattro diversi tipi di diagnosi bipolare, tutti caratterizzati da sbalzi d'umore e sintomi propri. Pertanto, tutti hanno requisiti diversi o criteri specifici per ottenere una diagnosi corretta.

Disturbo bipolare uno

Chi soffre del primo tipo di disturbo bipolare ha sperimentato almeno un episodio maniacale, seguito da un episodio ipomaniacale o depressivo. I cambiamenti di umore sono molto evidenti e possono diventare estremamente pericolosi se la persona inizia il processo di psicosi. Una persona affetta da questo tipo di disturbo bipolare può non sperimentare mai un episodio depressivo *maggiore*, ma sperimenta la depressione dopo gli episodi maniacali.

Disturbo bipolare due

Il fatto che questo tipo di disturbo bipolare sia di tipo due non significa che sia una forma meno grave o più lieve rispetto al tipo uno. Il disturbo bipolare di tipo due è una forma meno grave o più lieve rispetto a quella di tipo uno, in quanto provoca comunque danni significativi nella vita quotidiana della persona e costituisce una diagnosi completamente separata. Una persona con disturbo bipolare di tipo due ha sperimentato almeno un episodio depressivo maggiore e un episodio ipomaniacale di durata superiore alle due settimane. Quando la persona che sperimenta questi episodi depressivi maggiori decide di rivolgersi a un medico, può essere diagnosticata erroneamente come affetta solo da depressione a causa della mancanza di mania. Questo è molto comune e purtroppo la persona non riceve l'aiuto di cui ha bisogno perché il trattamento si concentra solo sulla depressione, anziché su entrambe le forme di depressione e ipomania.

Disturbo ciclotimico

Questo disturbo è comunemente noto come ciclotimia e fa parte della famiglia dei disturbi bipolari. I sintomi sono meno gravi rispetto al bipolare uno e due e sono caratterizzati da numerosi episodi depressivi e ipomaniacali. Gli sbalzi d'umore e i cambiamenti sono evidenti rispetto al comportamento normale della persona. Passando da una sensazione di benessere per alcuni giorni a un crollo e a una sensazione terribile il giorno dopo, la ciclotimia può essere molto difficile da sopportare. Questo disturbo può sconvolgere la funzionalità della giornata della persona e può in seguito diventare una diagnosi di bipolare uno o due. Può anche manifestarsi in una condizione di comorbilità con un disturbo d'ansia.

Disturbo bipolare "Altro specificato" e "Non specificato".

Se qualcuno riceve la diagnosi di disturbo bipolare altro specificato e non specificato, significa che i suoi sintomi o modelli di comportamento non soddisfano necessariamente i criteri del disturbo bipolare uno, bipolare due o ciclotimia. I soggetti continuano a manifestare sbalzi o innalzamenti anomali dell'umore, ma i loro sintomi sono normalmente legati ad altri problemi. Questi sbalzi d'umore anomali possono essere dovuti a problemi di abuso di alcol o droghe. Alcune persone possono avere altre condizioni mediche che causano i loro sintomi, come la sclerosi multipla o la malattia di Cushing. I sintomi possono causare un disturbo nella vita quotidiana, ma non soddisfano comunque i criteri per una diagnosi specifica di disturbo bipolare.

CAPITOLO 3: QUALI SONO I SINTOMI DA TENERE D'OCCHIO?

I segnali di allarme del disturbo bipolare sono molto più che sbalzi d'umore estremi e irrazionali. Spesso i sintomi si accumulano prima ancora che si verifichi il primo episodio di umore grave. Tutti e quattro i tipi di bipolare hanno gli stessi sintomi, dipende solo dalla frequenza con cui ciascuno di essi si manifesta e se tutti questi sintomi formano un modello di comportamento che corrisponde a un determinato criterio.

Episodi maniacali e ipomaniacali

Anormalmente ottimista e nervoso

Durante un episodio maniacale, una persona è considerata insolitamente allegra. A volte sembra che abbia bevuto tutto il caffè presente in casa e che sia anormalmente nervosa e agitata. Mentre alcune persone descrivono la mania come un'energia straordinaria, altre descrivono un livello estremo di irritabilità. La mania non è sempre eccitazione ed energia, ma può anche essere piena di rabbia e di una costante sensazione di irritazione.

Minore necessità di dormire

Con il progredire della mania, il bisogno di dormire diventa sempre meno. Le persone descrivono che il loro cervello vaga per tutta la notte, oppure che restano svegli tutta la notte e lavorano a progetti perché hanno troppa energia per stare semplicemente a letto. I progetti iniziati raramente vengono portati a termine perché qualcos'altro cattura la loro attenzione, oppure si annoiano rapidamente e ne iniziano un altro.

Pensieri insolitamente loquaci e fugaci

Una persona che sta vivendo un episodio maniacale completo userà la sua energia in eccesso per parlare più del normale. Non solo parla in modo eccessivo, ma spesso parla troppo velocemente per essere compreso. I loro pensieri veloci e fugaci rendono difficile mantenere l'argomento della conversazione e vengono costantemente interrotti dai loro stessi pensieri, facendoli andare in una direzione completamente diversa da quella di cui stavano discutendo in precedenza.

Comportamenti di dipendenza e sentimenti di grandezza più evidenti

Le persone che hanno già una personalità che crea dipendenza possono trovare alcuni comportamenti che creano dipendenza più allettanti durante un episodio maniacale. Possono bere più spesso e in quantità maggiori di quanto farebbero normalmente. Possono fare uso di sostanze stupefacenti, che amplificano i sintomi e li fanno durare più a lungo. Alcune persone hanno l'impulso di fare shopping sfrenato e di spendere il denaro che non hanno per oggetti di cui non hanno bisogno. Comprano regali a caso e costosi per tutti quelli che conoscono, accumulando debiti seri. Invece di spendere il denaro non disponibile per lo shopping, alcune persone scelgono di giocare d'azzardo. Trascorrono ore al casinò finché non hanno altra scelta che andarsene perché hanno perso tutto. La falsa sensazione di euforia e l'accresciuta fiducia in se stessi li porta a credere di non dover smettere.

Comportamenti a rischio e scarsa capacità decisionale

Il comportamento di dipendenza che si manifesta va di pari passo con il sintomo di assunzione di rischi non calcolati e di scarsa capacità decisionale. A volte questi rischi non calcolati portano una persona con disturbo bipolare a diventare ipersessuale. Essere ipersessuali con più partner è già abbastanza rischioso, ma spesso non si pensa a proteggersi, e la mancanza di protezione spesso porta a conseguenze indesiderate. Alcune donne si ritrovano incinte una volta terminato l'episodio maniacale, senza sapere chi sia il padre, mentre altre devono sottoporsi a test per malattie e infezioni sessualmente trasmissibili a causa della mancanza di protezione durante l'attività sessuale.

Allucinazioni e deliri

Con l'incapacità di dormire e i continui pensieri intrusivi, più a lungo si protrae un episodio maniacale più è probabile che una persona possa entrare in uno stato di psicosi. Le allucinazioni e le manie di grandezza possono diventare così estreme che la persona diventa un pericolo per se stessa e per tutti coloro che la circondano. È questo il momento in cui il ricovero in ospedale deve essere preso in considerazione ed eseguito con calma. Nessuno vuole essere chiuso in una stanza in osservazione per giorni e giorni, ma quando si tratta di vivere pericolosamente o di tornare stabili, sono sicuro che i vostri cari preferirebbero vedervi ottenere l'aiuto di cui avete bisogno. Tutti i sintomi citati possono verificarsi in un episodio maniacale o ipomaniacale; tuttavia, un episodio maniacale completo richiede almeno tre o più di questi sintomi.

Episodi depressivi e depressione maggiore

I criteri per un episodio depressivo maggiore differiscono da quelli per un episodio maniacale completo. Un episodio maniacale richiede tre o più sintomi, altrimenti viene considerato un episodio ipomaniacale. Un episodio depressivo maggiore richiede cinque o più sintomi, altrimenti viene considerato solo un episodio depressivo.

I sintomi di un episodio depressivo o depressivo maggiore sono proprio quelli che si immaginano con la depressione. La persona prova una sensazione opprimente di tristezza e di mancanza di speranza. Può diventare anormalmente emotiva per i più piccoli inconvenienti e piangere frequentemente. Inoltre, invece di piangere o lacrimare, può irritarsi più facilmente. L'irritabilità è più frequente negli adolescenti, che tendono a irritarsi più spesso a causa del drastico cambiamento degli ormoni.

Perdita di interesse per gli hobby e il piacere delle attività

Le cose che prima vi rendevano felici di partecipare potrebbero non interessarvi più. I programmi televisivi che amavate guardare con la vostra famiglia sono diventati noiosi e privi di significato. Tutti i progetti che avete iniziato durante l'ultima esplosione di energia o l'ultimo episodio maniacale vi sembrano stupidi e non siete in grado di sedervi e portarli a termine. Non volete fare sport o esercizio fisico, anzi, non volete fare nulla che richieda di lasciare il letto.

Aumento o perdita di peso significativa

Il peso può andare in entrambe le direzioni durante un episodio depressivo. Mentre alcune persone si sentono insaziabili durante un episodio depressivo, altre perdono completamente l'appetito. Le continue abbuffate possono causare un forte aumento di peso, portando la persona a sentirsi ancora peggio con se stessa. All'estremo opposto, la mancanza di energia per alzarsi e mangiare può esacerbare la perdita di appetito, facendo perdere alla persona una grande quantità di peso e sentendosi male perché sta diventando malnutrita.

Dormire troppo o insonnia

Proprio come il peso, anche il sonno può andare da un estremo all'altro dello spettro. L'idea di un programma di sonno va a farsi benedire quando la persona vuole solo stare a letto e dormire tutto il giorno. All'estremo opposto, alcune persone trovano che i loro pensieri cupi e deprimenti rendano il sonno impossibile, con conseguente insonnia cronica. Può anche capitare che si verifichino entrambi i sintomi. Può capitare di dormire troppo durante il giorno e di non riuscire a dormire normalmente quando arriva la notte.

Irrequietezza o rallentamento evidente dei movimenti

La depressione può far sentire alcune persone irrequiete. Sentono il bisogno di alzarsi e fare qualcosa, ma non hanno l'energia per farlo. Alcune persone notano che la vita sembra muoversi più lentamente del normale durante un episodio depressivo. Questa lentezza della vita fa sentire la persona ancora più inquieta ed esausta.

Eccessivo senso di colpa inadeguato

La depressione può farvi sentire in colpa per tutto ciò che accade nel mondo, anche se non è colpa vostra. Potreste ritrovarvi a chiedere scusa per tutto ciò che accade sotto il sole e a pensare che se qualcosa va storto è automaticamente tutta colpa vostra. Sentirsi in colpa e incolpare se stessi per qualsiasi cosa accada non fa che peggiorare la situazione e può spingere ancora di più nel baratro della depressione.

Indecisione

Un episodio depressivo può far sembrare complesse anche decisioni semplici. Vuoi pollo o manzo per cena? Non lo sai. Volete vestirvi di rosso o di blu oggi? Non ne avete idea. Allora ci si sente in colpa e senza speranza perché non si è riusciti a decidere. Se è così difficile decidere per una semplice scelta, quanto sarà difficile prendere decisioni che cambiano la vita? Come può un adolescente decidere se andare all'università o a lavorare subito dopo la scuola superiore se non riesce nemmeno a decidere cosa indossare quel giorno?

Isolamento e sensazione di essere un peso

La sensazione di non valere nulla e di essere un fallimento può farvi sentire come un peso per tutti coloro che fanno parte della vostra vita. Sentite il bisogno di isolarvi per non dover più sopportare la vostra esistenza senza senso. È più facile stare da soli che sentire che la vostra famiglia sta perdendo tempo a cercare di farvi sentire meglio. È più facile tirarsi il piumino in testa che ascoltare i propri cari implorare di ottenere l'aiuto di cui non si è degni. Non siete degni delle loro preoccupazioni e del loro amore, la vita è più facile e tranquilla nell'isolamento. Così, vi sedete al buio e vi soffermate sulle vostre emozioni travolgenti.

Idea suicida

Una volta che una persona in uno stato depressivo maggiore ha toccato il fondo, ha allontanato tutti e si è completamente isolata, può manifestarsi un'ideazione suicidaria. A questo punto, la persona è arrivata a credere che i suoi sentimenti di disperazione e inutilità siano veri e precisi. Può iniziare a pensare che la morte sia l'unica via di fuga dal dolore interiore che prova quotidianamente. Possono iniziare a pensarci regolarmente, spesso seguiti dall'elaborazione di un piano, e infine possono culminare nel tentativo di togliersi la vita. A questo punto, il ricovero in ospedale è di solito l'unico modo per garantire la sicurezza e la guarigione.

Sintomi nei bambini e negli adolescenti

I sintomi del disturbo bipolare sono più difficili da decifrare nei bambini e negli adolescenti. I genitori e i medici hanno difficoltà a decidere se i loro rapidi sbalzi d'umore sono causati da una malattia mentale o se si tratta solo della loro personalità o dei cambiamenti ormonali. I bambini hanno già il problema di essere indecisi e di fare scelte rischiose. Come fanno a sapere se si tratta di un problema comportamentale, di immaturità o di uno squilibrio chimico? I medici devono essere in grado di riconoscere uno schema di questi comportamenti per fornire una diagnosi accurata, quindi potrebbe essere necessario un certo tempo per ottenere una diagnosi di bipolarismo per un bambino o un adolescente.

CAPITOLO 4: COME VIENE DIAGNOSTICATO IL DISTURBO BIPOLARE?

Il disturbo bipolare è una condizione mentale che ci accompagna per tutta la vita e l'unico modo per poter andare avanti con successo è ricevere il trattamento giusto. Il primo passo per ottenere questo trattamento è ricevere una diagnosi corretta.

È ora di fare un check-up

Una volta che le bandiere rosse del disturbo bipolare sono state sollevate, come si fa a ricevere una diagnosi per poter iniziare un trattamento? Innanzitutto, è necessario fissare un appuntamento con il proprio medico di famiglia. Sono certo che vi starete chiedendo perché non dovreste chiamare un terapeuta e fissare un appuntamento con lui, ma lasciate che vi spieghi. Il medico di famiglia farà un esame fisico e condurrà un colloquio in cui vi chiederà quali sono i sintomi che state sperimentando. Molto probabilmente il medico ordinerà alcuni esami del sangue. Il disturbo bipolare non si vedrà nelle analisi del sangue, ma si verificherà la presenza di altre malattie o patologie non trattate che potrebbero influenzare il vostro comportamento, come ad esempio le malattie della tiroide.

Dopo aver ottenuto i risultati degli esami del sangue e aver escluso qualsiasi altra malattia, il medico può indirizzarvi a un professionista della salute mentale. Un professionista della salute mentale, come uno psicologo o uno psichiatra, vi chiederà dei vostri sintomi e prenderà nota dei vostri comportamenti. Vi chiederà anche in che modo questi sintomi influenzano e hanno un impatto sulla vostra vita.

Diagnosi per il bipolare

Il disturbo bipolare uno viene diagnosticato quando un episodio maniacale dura da più di una settimana. Può essere diagnosticato anche se l'episodio è durato meno di una settimana ma è stato abbastanza grave da causare un ricovero in ospedale. Per questa diagnosi non è necessario un episodio depressivo, poiché il disturbo bipolare uno richiede solo un episodio maniacale completo per soddisfare i criteri.

Diagnosi per il bipolare due

Il disturbo bipolare due viene diagnosticato quando un episodio depressivo maggiore si alterna all'ipomania per un periodo superiore alle due settimane. Ricordiamo che il disturbo bipolare due non richiede un episodio maniacale completo. Se si verifica un episodio maniacale completo, si soddisfano i criteri del disturbo bipolare uno con quello che viene considerato un episodio "misto".

Diagnosi per il disturbo ciclotimico

Il disturbo ciclotimico, o ciclotimia, viene diagnosticato quando una persona presenta cicli costanti, ma instabili, di episodi depressivi e ipomaniacali. I cicli devono durare almeno due anni; tuttavia, nei bambini e negli adolescenti viene diagnosticato dopo un solo anno. Per una diagnosi corretta, i periodi di questi cicli instabili devono durare meno di otto settimane.

Diagnosi per il disturbo bipolare "Altro specificato" o "Non specificato".

La diagnosi di disturbo bipolare "altro specificato" è un po' più complicata. Le persone affette da questo tipo non soddisfano i criteri per nessun altro tipo di disturbo bipolare, ma sperimentano sbalzi d'umore considerati anormali per loro. Un medico li terrà sotto controllo per assicurarsi che i loro sintomi non diventino bipolari di tipo uno o due.

Condizioni mediche in comorbidità

Sono diverse le condizioni mediche che possono accompagnare una diagnosi di disturbo bipolare. Alcuni di questi disturbi si manifestano in altre parti del corpo, mentre altri sono malattie mentali che possono accompagnare i sintomi.

Il disturbo d'ansia è una diagnosi comune che si accompagna al disturbo bipolare. L'ansia può compromettere la giornata di chiunque e rendere ancora più perturbato il funzionamento quotidiano di una persona affetta da disturbo bipolare. L'insonnia è un sintomo dell'ansia e la difficoltà di trovare un sonno adeguato può causare un notevole stress all'organismo, scatenando un episodio maniacale. L'ulteriore stress derivante dalla possibilità di un attacco di panico o di ansia può indurre una persona a isolarsi ancora di più durante un episodio depressivo. Un disturbo d'ansia può non essere diagnosticato subito, ma ci si può sentire più sensibili al proprio livello di ansia una volta aggiunti i farmaci al proprio regime quotidiano.

I disturbi alimentari non sono rari nel caso del disturbo bipolare, poiché molte persone diventano ansiose o ossessionate dalla quantità di cibo che mangiano durante un episodio depressivo. Molte persone con diagnosi di disturbo bipolare sono considerate in sovrappeso e sono più soggette a diabete e ipertensione. Il peso può diventare un problema quando una persona inizia ad abbuffarsi durante uno stato depressivo, o come effetto collaterale dei suoi farmaci, se questi causano un aumento dell'appetito. Un episodio depressivo può provocare l'effetto opposto e far smettere di mangiare completamente, facendo perdere una quantità significativa di peso a un ritmo insalubre. L'ossessione per il peso spesso continua fino a quando non si presentano altri problemi medici, come disidratazione e malnutrizione, che richiedono ulteriori cure mediche.

Il disturbo da deficit di attenzione/iperattività (ADHD) può sembrare non correlato, ma è stato riscontrato come molto importante nella comunità bipolare. L'incapacità di concentrarsi dovuta ad altri sintomi e l'iperattività cerebrale dovuta a un episodio maniacale sono la ricetta perfetta per dare origine all'ADHD.

Le malattie cardiache, i problemi alla tiroide e le cefalee o emicranie croniche sono problemi medici che si trovano in comorbilità con il disturbo bipolare. Il rischio di diventare obesi a causa della sovralimentazione può avere un impatto sulla salute del cuore ed è ulteriormente aggravato da una disfunzione della tiroide. Gli effetti collaterali di alcuni farmaci causano problemi cardiovascolari che possono portare a cefalee croniche, emicranie ed eventualmente ictus. Se il trattamento vi sta facendo aumentare di peso, potreste dover chiedere al medico che ve lo ha prescritto di cambiare i farmaci prima che gli effetti collaterali vi causino ulteriori problemi.

CAPITOLO 5: QUALI SONO LE CAUSE E I FATTORI DI RISCHIO DEL DISTURBO BIPOLARE?

I sintomi del disturbo bipolare possono sembrare apparire dal nulla, ma quali sono le cause che portano qualcuno a soffrire di questa malattia mentale? Si nasce con una predisposizione e dopo un certo stress i sintomi compaiono? È qualcosa che si è fatto involontariamente che ha fatto sviluppare questa condizione nel tempo? Esistono alcuni fattori di rischio che possono aumentare la possibilità di un primo episodio di umore grave?

Le cause

Non si conosce ancora la causa esatta di ciò che provoca una malattia mentale a una persona piuttosto che a un'altra, come il disturbo bipolare. I medici ritengono che possano essere diversi i fattori combinati che portano una persona a sviluppare il disturbo bipolare. Alcuni di questi fattori potrebbero essere componenti biologiche, predisposizione genetica o cause ambientali.

Potrebbe essere biologico?

Una componente biologica potrebbe essere la ragione per cui una persona ha più probabilità di essere bipolare di un'altra. Il cablaggio difettoso del cervello e i bassi livelli di sostanze chimiche trasmesse in tutto il cervello possono renderlo incapace di regolare le fluttuazioni dell'umore. Queste sostanze chimiche sono comunemente note come neurotrasmettitori e sono costituite da noradrenalina, dopamina e serotonina. Dopo aver studiato le differenze tra il cervello di una persona affetta da disturbo bipolare e quello di una persona che non ne soffre, i medici sono giunti alla conclusione che lo squilibrio di queste sostanze chimiche provoca una disfunzione all'interno del cervello.

I medici hanno anche notato cosa succede al cervello se il disturbo bipolare non viene trattato. Più a lungo una persona affetta da disturbo bipolare non viene curata, più danni subisce il suo cervello a ogni episodio di umore. Ogni episodio maniacale o depressivo che una persona attraversa senza trattamento può causare problemi a lungo termine con la memoria, la capacità di prestare attenzione, la capacità di stabilire una connessione efficace con il mondo esterno, la capacità di risolvere i problemi e la velocità di elaborazione che consente di assorbire e comprendere nuove informazioni. I risultati di questi disturbi a lungo termine causano un maggiore stress per il cervello e l'organismo e fanno sì che gli episodi di umore durino più a lungo, diventino più gravi e si verifichino più frequentemente.

Potrebbe trattarsi di genetica?

La predisposizione a soffrire di una grave patologia mentale come il disturbo bipolare sembra essere molto probabile. È noto che il disturbo si trasmette attraverso le generazioni dei membri della famiglia. È comune vedere più parenti di primo grado nella stessa famiglia affetti da disturbo bipolare. Non è raro nemmeno vedere una coppia di gemelli affetti da disturbo bipolare. Se a uno dei due è stato diagnosticato il disturbo bipolare, la probabilità che anche l'altro gemello ne sia affetto aumenta notevolmente.

Potrebbe essere di natura ambientale o una combinazione di tre fattori?

Anche se una persona è geneticamente predisposta o ha le componenti biologiche per sviluppare il disturbo bipolare, questo non significa necessariamente che lo avrà. Tuttavia, con la giusta combinazione di genetica, alterazioni biologiche e fattori di stress ambientali, si può creare una tempesta perfetta per un episodio di umore grave.

Quali fattori di rischio possono essere il primo passo verso un episodio di malumore?

Naturalmente, avere un parente di primo grado affetto da bipolarismo è un fattore di rischio importante. Tuttavia, l'avere a che fare con livelli di stress elevati che causano emozioni difficili da regolare può dare a qualcuno una spinta verso un episodio di umore grave. Periodi di forte stress, a volte causati da un evento traumatico o dalla morte di un familiare o di un amico, possono infatti mandare qualcuno oltre il limite. Anche l'uso di droghe e alcolici aumenta la possibilità di avere un episodio maniacale o depressivo. Anche se i medici non sanno esattamente quali siano le cause del disturbo bipolare, conoscendo la storia clinica della propria famiglia e lavorando per gestire i propri livelli di stress, è possibile prestare molta attenzione a qualsiasi segnale di allarme o sintomo che possa emergere.

CAPITOLO 6: COME VIENE NORMALMENTE TRATTATO IL DISTURBO BIPOLARE?

Dopo una diagnosi corretta del disturbo bipolare, verrà messo a punto un piano di trattamento. Le parti mobili di un piano di trattamento sono molte. Alcune richiedono l'aiuto di professionisti del settore medico, altre richiedono un lavoro autonomo. Impegnarsi a fondo per la propria guarigione non significa che la soluzione sarà automaticamente rapida. A volte, a causa degli effetti collaterali, sarà necessario modificare i farmaci o sostituirli con altri. A volte la terapia può iniziare a farvi sentire peggio prima di iniziare a sentirvi meglio, ma attenersi al trattamento è un impegno che dura tutta la vita, anche se a volte è difficile.

È estremamente importante iniziare il trattamento il prima possibile, poiché i sintomi peggioreranno quanto più a lungo saranno trascurati. Aspettare di guarire da soli è pericoloso e può avere gravi conseguenze sulla salute, sulle relazioni e sul rendimento lavorativo o scolastico.

Psicoterapia

Esistono diversi tipi di psicoterapia che vengono utilizzati in un piano di trattamento del disturbo bipolare. Ogni tipo di terapia si concentra su aspetti diversi della gestione dei sintomi e del loro impatto sulla vita quotidiana. Essere in grado di esprimere come ci si sente e cosa fare con queste emozioni può ridurre efficacemente il livello di stress e garantire che si progredisca verso la guarigione.

Terapia cognitivo-comportamentale

La terapia cognitivo-comportamentale (CBT) serve a modificare i modelli di pensiero e di comportamento negativi in modelli positivi. Vi insegnerà a identificare e utilizzare strategie di coping per affrontare i modelli di pensiero e di comportamento negativi. Dopo aver identificato gli schemi e utilizzato le strategie di coping, sarete in grado di rompere e sostituire gli schemi con altri nuovi e positivi. In uno studio, le persone che hanno partecipato a sessioni di CBT della durata di oltre 90 minuti ciascuna hanno mostrato un notevole miglioramento nella regolazione dell'umore e nella rottura di schemi comportamentali distruttivi.

Terapia incentrata sulla famiglia

La terapia incentrata sulla famiglia non è sempre incentrata sulla famiglia, come suggerisce il nome. Piuttosto, questo tipo di terapia viene utilizzato come risorsa educativa che la persona e i suoi cari possono utilizzare per essere istruiti sulla malattia mentale e per mettere in atto un piano di trattamento. Anche se il terapeuta si concentra sul paziente affetto da disturbo bipolare e sui sintomi che manifesta, il terapeuta accoglie anche i suggerimenti dei familiari o degli amici più stretti che il paziente potrebbe non notare o che ha paura di dire ad alta voce. Educare se stessi e i propri familiari sulla complessità del disturbo bipolare e dei suoi sintomi crea una maggiore probabilità di successo nel trattamento e nella guarigione.

Terapia elettroconvulsivante

La terapia elettroconvulsivante (ECT), o terapia con elettroshock, è un tipo di trattamento utilizzato molto raramente. È stata utilizzata come trattamento a breve termine per le persone affette da disturbo bipolare che hanno un forte desiderio di suicidio o che stanno vivendo un episodio maniacale completo. L'uso dell'ECT non è solo per chi sta avendo un episodio maniacale completo, ma piuttosto per chi non ha mostrato alcuna risposta a una serie di trattamenti. I pazienti che richiedono la TEC non hanno mostrato alcun progresso con i farmaci per trattare i sintomi della mania o dell'episodio depressivo maggiore, oppure i sintomi sono diventati così pericolosi per se stessi e per gli altri da non poter aspettare che i farmaci facciano effetto.

Farmaci utilizzati durante il trattamento

Oltre all'uso della psicoterapia, il piano di trattamento può includere un tipo specifico di farmaci o una combinazione di alcuni farmaci diversi. Questi farmaci rientrano in tre diverse categorie: stabilizzatori dell'umore, antipsicotici e antidepressivi. I farmaci o le combinazioni di farmaci che vengono aggiunti al regime quotidiano sono scelti in base agli effetti che hanno sulla riduzione della gravità dei sintomi. Vengono presi in considerazione anche gli effetti collaterali e potrebbe essere necessario cambiare il farmaco alcune volte prima che il paziente e il medico trovino la combinazione che funziona meglio per lui.

Stabilizzatori dell'umore

Lo scopo di uno stabilizzatore dell'umore durante il trattamento del disturbo bipolare è quello di trattare e prevenire gli episodi maniacali e depressivi di cui la persona soffre spesso. Il suo scopo è proprio quello di stabilizzare e regolare l'umore, come dice il nome stesso. I farmaci, come il litio, sono utilizzati per trattare il bipolarismo e gli episodi di umore al fine di prevenire una ricaduta dei sintomi. È stato inoltre dimostrato che il litio riduce il rischio di suicidio nelle persone affette da disturbo bipolare.

Alcuni farmaci vengono utilizzati da soli o in combinazione con altri farmaci per trattare gli episodi di umore difficile. Lo stabilizzatore dell'umore, la carbamazepina, viene spesso utilizzato per trattare i sintomi estremi della mania che normalmente si verificano durante il processo di ciclicità rapida. La lamotrigina è usata per trattare tutti i sintomi del bipolarismo di tipo 1, ma è usata più specificamente per trattare le persone che presentano i sintomi della depressione bipolare.

Antipsicotici

L'uso degli antipsicotici per trattare i sintomi e gli episodi maniacali e depressivi può essere a lungo o a breve termine, a seconda della gravità e della frequenza dei sintomi. Possono essere utilizzati a breve termine per trattare e gestire i sintomi maniacali, oppure a lungo termine per le persone che non rispondono ad altri stabilizzatori dell'umore. Come indica il termine "antipsicotico", lo scopo di questo farmaco è quello di trattare i sintomi psicotici che spesso si manifestano durante un episodio maniacale, depressivo o misto. È stato dimostrato che alcuni antipsicotici stabilizzano l'umore e agiscono come sedativi per le persone con insonnia o alti livelli di agitazione.

Hanno anche lo scopo di regolare il funzionamento del cervello per quanto riguarda la risoluzione dei problemi, il pensiero chiaro e percettivo e l'attenzione ai dettagli. Gli antipsicotici agiscono rapidamente all'interno dell'organismo per regolare i modelli di pensiero positivi e fermare i comportamenti distruttivi attribuiti agli episodi maniacali. I benefici dell'uso degli antipsicotici non sono tuttavia privi di effetti collaterali indesiderati. Alcuni di questi farmaci provocano un aumento di peso e un aumento dell'appetito e del colesterolo, mentre altri possono causare tremori muscolari e sonnolenza. Gli effetti collaterali dei diversi farmaci variano da persona a persona, quindi se gli effetti collaterali diventano intollerabili è bene contattare il proprio medico per verificare se un altro farmaco può essere utile senza gli effetti collaterali.

Antidepressivi

Gli antidepressivi sono farmaci facoltativi da utilizzare per trattare la depressione che spesso si manifesta con il bipolarismo. A volte gli stabilizzatori dell'umore che vengono prescritti per aiutare in modo specifico la depressione bipolare non sono sufficienti e occorre prescrivere anche un antidepressivo. Tuttavia, gli antidepressivi sono prescritti con cautela a chi soffre di disturbo bipolare di tipo 1, perché possono causare un episodio maniacale. Il medico sarà molto cauto nel prescrivere gli antidepressivi e darà istruzioni precise di chiamarlo immediatamente se, dopo l'assunzione del farmaco, dovessero emergere sintomi maniacali o psicotici.

L'importanza dei farmaci

I farmaci sono una parte molto importante del piano terapeutico e il loro utilizzo come prescritto è l'unico modo per aiutarvi a stare meglio. Molte persone cercano di interrompere l'assunzione dei farmaci quando iniziano a sentirsi meglio, dicendosi che non hanno più bisogno di aiuto o che possono farcela da soli. L'interruzione dei farmaci senza la supervisione di un medico è di solito estremamente pericolosa e provoca la ricomparsa e il peggioramento dei sintomi. Smettere di assumere i farmaci in una sola volta può causare sintomi di astinenza che fanno sentire fisicamente male e mentalmente instabili.

CAPITOLO 7: TRATTAMENTI ALTERNATIVI PER LA GESTIONE DEI SINTOMI

Mentre i sintomi del disturbo bipolare vengono trattati dal punto di vista medico, esistono anche trattamenti alternativi che possono essere utilizzati a casa e nella vita quotidiana per gestire i sintomi. Questi trattamenti non devono essere utilizzati per sostituire le cure mediche, ma per portare avanti il recupero nella speranza di prevenire una ricaduta. Il disturbo bipolare è una malattia grave che dura tutta la vita, come già detto, ed è di natura complessa da trattare a causa della necessità di trattare due diversi tipi di sintomi. Questi trattamenti alternativi possono essere utilizzati insieme alle cure mediche prescritte dal medico per ridurre e prevenire ulteriormente i sintomi attribuiti alla mania e alla depressione.

Vitamine per il benessere generale

L'assunzione di farmaci e la partecipazione alla terapia sono essenziali per il successo della guarigione e la prevenzione delle ricadute, ma lo è anche essere un difensore della propria salute e fare la propria parte per far funzionare il trattamento. L'assunzione di vitamine non può essere un trattamento salvavita, ma è un modo alternativo per alleviare i sintomi esacerbati da mania e depressione.

Oli di pesce Omega-3

L'olio di pesce Omega-3 è stato comunemente utilizzato per sostenere la salute del cuore e la prevenzione dell'artrite, soprattutto nelle persone anziane. Si trova nel merluzzo, nel salmone, nel tonno e in altri tipi di pesce, oppure può essere assunto come integratore giornaliero sotto forma di pillole o gommose. Tuttavia, l'olio di pesce fa molto di più che sostenere il cuore e ridurre l'infiammazione causata dall'artrite. Per chi soffre di disturbo bipolare, può aiutare a stabilizzare l'umore e a concentrarsi e pensare con chiarezza. L'olio di pesce può anche diminuire la gravità dei sintomi depressivi e ridurre la durata di un episodio depressivo.

Vitamine B1 e B12

Esistono così tanti tipi di vitamina B che è quasi impossibile capire quale tipo di vitamina apporti benefici. Per le persone affette da disturbo bipolare, le vitamine B migliori su cui concentrarsi sono la B1 e la B12. La vitamina B1 aiuta ad alleviare i sentimenti di ansia e irritabilità che spesso accompagnano il disturbo bipolare, in particolare per coloro ai quali è stato diagnosticato un disturbo d'ansia in comorbidità.

Le persone che presentano una carenza di B12 nel loro organismo possono avere più problemi di altri con i livelli di energia, la regolazione dell'umore e gli episodi maniacali e depressivi più gravi. Sebbene una dieta equilibrata possa risolvere la carenza, un'integrazione può apportare una spinta energetica necessaria per affrontare la giornata e mantenere l'umore più stabile.

Magnesio

Le persone affette da bipolarismo presentano spesso anche una carenza di una vitamina chiamata magnesio. Questa carenza può causare maggiore ansia, irritabilità e insonnia durante un episodio maniacale. Il magnesio è anche usato per trattare i tic indotti dall'ansia, rilassando il corpo e i nervi. Questa vitamina può essere assorbita dal sistema con un pasto equilibrato e con l'assunzione di un integratore giornaliero.

Integratori e vitamine da evitare

Non tutte le vitamine sono uguali, soprattutto quando si tratta di trattare alcuni sintomi bipolari. L'ultima cosa da fare è peggiorare i sintomi quando si sta cercando di alleviarli. È stato dimostrato che l'integratore ginkgo biloba migliora notevolmente la memoria a breve termine e la concentrazione, ma può anche rendere inefficaci alcuni farmaci bipolari. Rendere inefficaci i farmaci non farà altro che danneggiare i vostri progressi e potrebbe provocare una ricaduta dei sintomi.

L'integratore Erba di San Giovanni può fare miracoli per le persone che assumono antidepressivi per combattere i sintomi della depressione, ma deve essere usato con estrema cautela per chi soffre di disturbo bipolare. Proprio come il medico che prescrive l'integratore deve usare estrema cautela quando aggiunge un antidepressivo a un regime farmacologico bipolare, il risultato dell'uso di questo integratore potrebbe essere un episodio maniacale completo.

Meditazione

La meditazione è stata praticata per secoli per ottenere i benefici della consapevolezza e del rilassamento di tutto il corpo. L'uso della respirazione profonda e delle affermazioni positive per ridurre le proprie ansie e cambiare i propri schemi di pensiero negativi si è rivelato utile per milioni di persone in tutto il mondo. Tutti questi benefici sono ottimi, ma in che modo rilassare il corpo e dire cose belle su di sé può aiutare chi soffre di disturbo bipolare? I ricercatori hanno condotto numerosi studi e, anche se non si sono concentrati su tutti i sintomi del disturbo bipolare, è stato dimostrato che la meditazione e la mindfulness migliorano notevolmente i sintomi di ansia e depressione di molte persone. Riuscire a stare fermi e a pensare positivamente a se stessi durante un episodio depressivo non sembra un'impresa facile, ma insegnare al proprio corpo a rilassarsi e a vivere nel presente può risolvere i sentimenti di disperazione. Concentrare l'attenzione sulla respirazione e sulle sensazioni fisiche di rilassamento del corpo può allentare le redini del senso di colpa quotidiano da cui si è costantemente afflitti. La capacità di rilassare il vostro corpo sovrastimolato e teso può evocare la sensazione di pace interna nel vostro cervello, invece del caos eterno a cui siete abituati.

La meditazione non è una soluzione rapida per chi soffre di disturbo bipolare, né lo è per chi non ne soffre. Introdurre la pratica della mindfulness nel vostro programma quotidiano vi insegnerà a rilassare i vostri impulsi naturali di essere sempre di corsa. Insegnare al corpo a sentirsi mentalmente e fisicamente rilassato e meno ansioso può migliorare la qualità del sonno e ridurre la frequenza e la gravità dell'insonnia. I benefici si manifestano nel tempo, proprio come nel caso di un trattamento medico. La chiave è la pazienza e l'impegno a migliorare.

Perché la meditazione è ottima per alleviare i sintomi?

Il motivo per cui la meditazione è un ottimo trattamento alternativo per alleviare i sintomi è dato dalle quattro componenti principali della meditazione: ambiente, postura, attenzione e atteggiamento. L'ambiente necessario per il successo della meditazione deve essere un luogo tranquillo in cui la persona possa essere indisturbata. Le persone affette da disturbo bipolare hanno difficoltà a concentrarsi sul compito da svolgere se ci sono distrazioni in giro, quindi l'eliminazione di tutte le distrazioni elimina lo stress di una concentrazione che va in un'altra direzione.

Le posizioni richieste per la meditazione non sono di restrizione, ma di comfort. Il disturbo bipolare può rendere difficile sentirsi a proprio agio e sentire sempre il bisogno di muoversi per provare quella sensazione. Concentrarsi su ciò che ci fa sentire a nostro agio e su ciò che ci aiuta a rilassare il corpo può aiutare a placare la sensazione di irrequietezza e il bisogno di alzarsi e muoversi.

Durante la meditazione, l'attenzione è concentrata sul respiro. All'inizio la mente può vagare, ma con il tempo imparerete a fermare l'intrusione e a riportare l'attenzione sul respiro. Riuscire a fermare i pensieri che corrono e a porre l'attenzione su ciò che si deve concentrare dice al vostro cervello che avete il controllo e, col tempo, voi e la vostra mente comincerete a crederci. Vi ricorderete che avete il potere sui vostri pensieri quando i modelli di pensiero negativo si manifestano nella vostra direzione. Imparerete a gestire i pensieri e le emozioni negative e a utilizzare questa energia per essere produttivi e positivi. Concentrarsi sulle proprie emozioni e sulle affermazioni positive durante una meditazione pacifica porta l'attenzione sul presente, piuttosto che sulle ansie del futuro o sulle conseguenze del passato.

L'ultima componente della meditazione consapevole è l'atteggiamento. Avere a che fare con un cervello pieno di pensieri negativi sulla propria vita e su se stessi può essere un vero e proprio salasso per le emozioni e l'atteggiamento. È già abbastanza difficile ascoltare quotidianamente i rimproveri di qualcun altro, ma quando sono i vostri stessi pensieri a farlo, come potete aspettarvi di avere un atteggiamento positivo? Dire cose positive a se stessi e creare una sensazione di apertura e accettazione della propria condizione può portare a un atteggiamento migliore. Dare alle emozioni e ai sentimenti negativi un posto dove essere accettati senza giudicarsi crea uno spazio aperto in cui non ci si deve più vergognare di essere se stessi e di avere dei difetti.

Meditazione per principianti

Il primo passo per imparare a meditare è trovare un luogo tranquillo. Esistono luoghi in cui si pratica la meditazione di gruppo, come centri di yoga o club sportivi, oppure si può praticare a casa propria. Se preferite unirvi a un gruppo di meditazione, l'équipe terapeutica può fornirvi un elenco di centri che organizzano sessioni programmate. Esistono anche molte applicazioni per il vostro telefono che forniscono meditazioni guidate da praticare nel comfort della vostra camera da letto o del vostro salotto, ovunque scegliate di essere il vostro posto tranquillo. Alcune persone trovano piacere costruendo il proprio luogo confortevole in un angolo della casa. Riempiono il loro piccolo spazio con coperte, cuscini, macchine del suono e oli essenziali che li rilassano. Qualsiasi cosa vi faccia sentire più rilassati e in grado di procedere senza essere interrotti per circa 10-15 minuti è perfetta per una meditazione di successo. Mettete il telefono in silenzioso, spegnete la televisione e concedetevi di essere presenti senza distrazioni. Non c'è bisogno di fare un grande sforzo o una rappresentazione teatrale del luogo in cui ci si trova. Basta trovare una poltrona reclinabile o un letto che vi permetta di rilassarvi. Se vi sentite troppo stanchi mentre meditate a letto, la prossima volta scegliete una posizione diversa che vi permetta di stare seduti. Appoggiate comodamente le mani in grembo e fate un respiro profondo prima di iniziare.

Per quanto riguarda il comfort, assicuratevi di indossare abiti leggeri e non restrittivi. Non è necessario acquistare abiti speciali: vanno bene anche pantaloni della tuta e una maglietta oversize. Se state meditando durante la pausa pranzo al lavoro, potete togliervi le scarpe e allentare la cintura o la cravatta. È difficile concentrarsi sul rilassamento e sulla respirazione profonda quando ci si sente limitati e a disagio.

Il secondo passo consiste nel decidere su cosa lavorare quel giorno. I pensieri negativi vi fanno sentire più depressi? Avete più problemi del solito a concentrarvi sul compito che avete davanti? Sapere quali sono le vostre intenzioni prima della meditazione può indirizzarvi verso i mantra e le affermazioni positive da utilizzare.

Poi si chiudono gli occhi e si seguono i passi della meditazione guidata. Si può iniziare concentrandosi sul respiro o sul rilassamento dei muscoli. I principianti possono aspettarsi che i loro pensieri vaghino. Ricordatevi di mettere in pausa questi pensieri fugaci e di riportare l'attenzione sul respiro. Non preoccupatevi di sbagliare o di essere incapaci di stare seduti a lungo. Se vi esercitate ogni giorno, farete rapidi progressi!

Una tecnica semplice per iniziare a rilassarsi è la scansione del corpo. Chiudete gli occhi e scansionate lentamente tutto il corpo, partendo dalla fronte fino alla punta dei piedi. Concentratevi sulle parti del corpo che sentite più tese di altre e visualizzatele mentre si rilassano. Lo scopo della scansione corporea è quello di portare i pensieri al presente e di notare come lo stress influisca sul corpo.

Cominciate a concentrarvi ancora di più sulla respirazione. Prestate attenzione a come il vostro corpo si sente quando respira e i polmoni si riempiono d'aria, e poi alla sensazione di spingere fuori l'aria. Concentrate la vostra attenzione sulla sensazione fisica che provano i polmoni durante la pausa tra un respiro e l'altro. Il vostro corpo sa come respirare automaticamente senza che dobbiate ricordarglielo continuamente, quindi non cercate di controllare il modo in cui respirate e lasciate che prestiate attenzione al ritmo naturale.

Una volta rilassati, iniziate a pronunciare le vostre affermazioni positive o i mantra specifici per le vostre intenzioni. Il motivo per cui si usano mantra e affermazioni durante la meditazione è quello di collegarsi alla propria intenzione principale e a ciò che si vuole cambiare, in modo da poter portare quel pensiero e quell'intento positivo per tutta la giornata. I mantra, come "Io controllo le mie emozioni, non sono loro a controllare me" o "Io sono più forte della mia depressione", vi collegano a ciò che provate e a ciò che volete sia vero. Più li pronunciate durante la giornata nei momenti di disagio emotivo, più inizierete a crederci.

Al termine dei 10-15 minuti di meditazione, alzatevi e iniziate la giornata con un nuovo senso di scopo e di connessione con il mondo circostante. Se nel corso della giornata cominciate a sentirvi stressati, ripetete i vostri mantra e fate qualche respiro profondo. Il resto del mondo può aspettare mentre raccogliete i vostri pensieri.

Diversi tipi di terapia

Terapia della luce

Le persone affette da disturbo bipolare possono avere difficoltà a mantenere un programma di sonno costante. Può dormire troppo durante un episodio depressivo e non dormire affatto durante un episodio maniacale. L'incoerenza della quantità e della qualità del sonno ricevuto può avere un impatto sull'orologio biologico. L'orologio interno, che normalmente indica a una persona quando è ora di andare a dormire e quando è ora di svegliarsi, è andato in tilt e non riesce a distinguere i segnali del corpo. La terapia della luce è stata concepita per resettare questo orologio interno mediante l'esposizione temporizzata alla luce e al buio per un periodo di tempo prolungato. Questo reset dell'orologio biologico della persona costringe a modificare il suo programma di sonno, in modo da ottenere un sonno di qualità ogni notte, riducendo così lo stress del suo corpo e migliorando la gestione dei suoi sintomi bipolari.

Terapia del ritmo interpersonale e sociale

Lo scopo principale della terapia del ritmo interpersonale e sociale è insegnare a mantenere un programma regolare. Ciò include la creazione di un programma coerente di quando si mangia, si dorme, si fa esercizio fisico, si va al lavoro, si medita e così via. La creazione e il mantenimento di un programma prevedibile riduce lo stress e migliora il funzionamento quotidiano delle abitudini che il disturbo bipolare tende a disturbare.

Un programma di sonno consiste nella routine notturna di ciò che si fa prima di andare a dormire. Magari mangiate un piccolo spuntino alle otto di sera, fate la doccia 15 minuti dopo e andate a letto per le nove, in modo da svegliarvi alle sette del mattino per prepararvi al lavoro. All'inizio il vostro corpo potrebbe opporsi, ma seguire il vostro programma giorno dopo giorno creerà un senso di stabilità.

La definizione di un programma alimentare e di un piano dei pasti elimina tutte le congetture su cosa mangiare e quando. Sapere a che ora si deve consumare un pasto e avere il pasto preparato e pronto rende la giornata più tranquilla. Avere un pasto preparato con giorni di anticipo rende più facile mangiare pasti ben bilanciati e pieni di nutrienti e vitamine, piuttosto che andare al drive thru o abbuffarsi di qualsiasi cosa si trovi in cucina.

Aggiungere l'esercizio fisico al proprio programma quotidiano ha molti vantaggi. Essere attivi riduce le probabilità di sovrappeso e di sviluppare il diabete di tipo due, che può essere il risultato di un aumento dell'appetito dovuto ai farmaci. L'esercizio fisico favorisce l'equilibrio dell'umore, bruciando l'energia in eccesso e l'irritabilità di un episodio maniacale, o dando una spinta ai livelli di serotonina quando ci si sente depressi.

Una routine stabile ed equilibrata può far sembrare la vita banale e prevedibile, ma la prevedibilità aiuta a gestire e ad abbassare i livelli di stress. Più bassi sono i livelli di stress, più si è in grado di gestire i sintomi per prevenire un episodio di umore. Lavorare intenzionalmente su ciò che si può controllare per prevenire un episodio maniacale o depressivo può non fermare tutti i sintomi, ma li renderà meno gravi e la vita più facile da affrontare.

Terapia di desensibilizzazione e rielaborazione attraverso i movimenti oculari

I pazienti bipolari con una storia di traumi possono trovare la terapia di desensibilizzazione e rielaborazione dei movimenti oculari, o EMDR, molto utile per il loro recupero. L'EMDR è un programma terapeutico supervisionato che viene abilmente praticato da terapeuti formati e autorizzati. La terapia è specifica per il modo in cui l'uso dei movimenti oculari stimola il cervello di fronte ai fattori scatenanti e alle emozioni negative legate ai ricordi traumatici. Questa terapia serve a desensibilizzare la persona e a rielaborare il fattore scatenante o il ricordo in modo nuovo e positivo. Si differenzia dalla tradizionale terapia del colloquio, in cui è richiesto di discutere i sentimenti e le emozioni negative, prendendo questi sentimenti e sostituendoli con altri positivi.

L'EMDR prevede che il paziente concentri lo sguardo su uno stimolo esterno in movimento, come il dito del terapeuta, mentre ripercorre il ricordo e i sentimenti negativi che lo circondano. La concentrazione sugli stimoli mentre si ricorda un evento specifico provoca la stimolazione di entrambi i lati del cervello. Una volta stimolato il cervello, il terapeuta può prendere il sentimento negativo e l'innesco identificati e sostituirli con uno nuovo, cambiando il modo in cui ci si sente quando si ricorda quell'evento.

CAPITOLO 8: AIUTARE LE PERSONE CARE AFFETTE DA BIPOLARISMO

Forse non siete voi a combattere una battaglia senza fine con questa malattia mentale. Forse si tratta di un genitore, un coniuge, un fratello o un figlio. Vedere qualcuno che si ama lottare per afferrare la realtà della situazione e rifiutare di farsi aiutare può essere straziante. Cercare di essere la spalla su cui piangere mentre si regge il peso del mondo sulle spalle può essere stancante e confuso. I familiari sono di solito quelli che devono affrontare le conseguenze delle azioni distruttive del loro caro durante un episodio maniacale. Sono anche quelli che devono farsi carico della situazione quando il coniuge, il figlio, il genitore, il fratello o la sorella sono troppo esausti per portare a termine i loro compiti durante un episodio depressivo. Tuttavia, a prescindere da ciò che fanno o da come si comportano, il vostro amore per loro è incondizionato. Dedicare un po' di tempo alla giornata per ricordare alla persona amata che la sostenete e che la sostenete nei suoi sforzi per stare meglio può rendere un giorno difficile un po' più sopportabile.

Informarsi sulla patologia

Prendersi il tempo necessario per apprendere quante più informazioni possibili sul disturbo bipolare può cambiare la prospettiva sul perché la persona amata si comporta in questo modo. Queste preziose informazioni e ricerche possono rendervi meglio attrezzati per affrontare gli alti e bassi del disturbo. Aiutarli a trovare medici e terapeuti certificati può garantire che ricevano il miglior aiuto possibile. Se il paziente sta attraversando un momento difficile e resiste alla necessità di chiamare e fissare un appuntamento, potreste fissare l'appuntamento e accompagnarlo. Il semplice fatto di presentarsi è un modo per dimostrare loro che li sostenete in questo processo e che li amate, anche se al momento non si comportano in modo molto affettuoso.

Accompagnare il paziente agli appuntamenti può dare al medico o al terapeuta l'opportunità di conoscere meglio i suoi progressi. Le persone affette da disturbo bipolare tendono a essere smemorate o a non accorgersi del peggioramento dei loro sintomi, per cui il medico può dipendere dai loro cari per riempire i vuoti. La persona amata potrebbe temere che i suoi comportamenti e i suoi pensieri possano avere delle conseguenze e non si sente sicura nel dare questa informazione al terapeuta. La vostra presenza come sostegno emotivo può dargli la forza necessaria per dire tutto al medico e ottenere l'aiuto necessario.

Monitorare i loro stati d'animo e seguire i loro progressi

Monitorare lo stato d'animo dei propri cari e i cambiamenti che si notano può fornire molti vantaggi. Potete capire quando si sta preparando un episodio maniacale e preparare voi stessi e la vostra famiglia. Con il tempo, sarete in grado di capire se la persona sta mostrando i segni di un episodio maniacale o depressivo completo o se è solo lunatica a causa di una giornata difficile. Se una giornata difficile si trasforma in una settimana difficile, è possibile prestare maggiore attenzione ad altri segnali. L'obiettivo è anticipare l'episodio di umore e capire cosa sta causando lo stress aggiuntivo nella loro vita. Più si riesce ad anticipare il problema, più è probabile che si possano prendere dei passi per aiutare la persona cara a prevenire la mania o la depressione, o almeno a ridurne la durata e la gravità.

Tenere traccia dei progressi compiuti significa anche tenere traccia delle ricadute. Se sapete a che punto è il vostro caro da quando ha iniziato il trattamento, saprete quando sta iniziando a retrocedere. Le ricadute sono normali e sono destinate a verificarsi, ma quando iniziano a presentarsi può essere il momento di avvertire il medico. Se la ricaduta è evidente in vostra presenza, è probabile che la persona amata stia segretamente ricadendo da tempo e abbia troppa paura di dire qualcosa. Potrebbe non accorgersi che i sintomi gli sono sfuggiti di mano perché questi sbalzi d'umore, piccoli o grandi che siano, sono normali per il vostro caro.

Informazioni sui loro farmaci e sui possibili effetti collaterali

Imparare a conoscere i farmaci del proprio caro e a cosa servono è molto importante. A volte non sanno a cosa serve o cosa cura, sanno solo che il medico ha detto di prenderli per sentirsi meglio. Conoscere i farmaci che assumono e le interazioni farmacologiche da evitare potrebbe salvare la vita. Se il vostro caro è in crisi e viene chiamata un'ambulanza, potete comunicare ai soccorritori quali farmaci sta assumendo.

Informarsi sui possibili effetti collaterali di ciascun farmaco può risparmiare alla persona amata e alla sua famiglia molti dispiaceri e problemi in futuro. Alcuni farmaci possono causare un grave episodio maniacale o peggiorare le allucinazioni. Alcuni farmaci possono far sentire il paziente estremamente affaticato e incapace di tenere gli occhi aperti, o aumentare l'appetito al punto da non riuscire a smettere di mangiare. Altri farmaci hanno la tendenza a provocare nella persona amata idee suicide e pensieri intrusivi spaventosi. Sapere a cosa prestare attenzione nei primi mesi di assunzione di un farmaco significa prevenire eventuali effetti collaterali negativi. Di solito i medici iniziano o modificano solo un farmaco alla volta, in modo che, se si verificano effetti collaterali intollerabili, siano in grado di decifrarne la causa.

Incoraggiarli a prendere i farmaci

Sottolineare l'importanza dell'assunzione dei farmaci può aiutare le persone a ricordare che ne hanno bisogno per continuare a svolgere le loro funzioni quotidiane e a progredire. Le persone in trattamento farmacologico per il disturbo bipolare inizieranno a sentirsi meglio e a pensare che il farmaco abbia fatto il suo dovere, quindi non avranno più bisogno di prenderlo. Se ritiene che i farmaci non funzionino, il vostro caro potrebbe non vedere l'utilità di continuare il trattamento. Potrebbe non essere in grado di tollerare gli effetti collaterali dell'assunzione del farmaco, perché potrebbe ingrassare troppo rapidamente o essere troppo stanco per affrontare la giornata. Preferiscono interrompere la terapia piuttosto che contattare il medico e fargli cambiare il dosaggio o passare a un nuovo regime farmacologico. Ricordare alla persona amata che i suoi farmaci sono importanti e chiamare il medico se è necessario ricalibrarli dimostra che si ha a cuore la sua guarigione e il suo successo futuro.

Riconoscere i primi sintomi

Cosa fare, però, prima che al proprio genitore, coniuge o figlio venga diagnosticata la malattia? E se iniziano a comportarsi in modo strano, come non hanno mai fatto prima? Forse vostra madre inizia a dormire per lunghi periodi o smette del tutto di dormire e spesso la trovate a pulire tutta la casa alle 3 del mattino. Oppure notate che vostro marito parla molto di più di quanto facesse prima e parla così in fretta che sembra che debba riuscire a dire tutta la frase prima di dimenticare quello che stava per dire. Il loro umore è diventato cupo e preferiscono starsene in camera loro a luci spente piuttosto che passare del tempo di qualità con la famiglia. Forse vostro figlio preferisce essere un recluso piuttosto che passare del tempo con gli amici al centro commerciale o al parco. Oppure, vostro fratello o sorella diventa più lacrimoso del solito e piange se gli fate una semplice domanda o se lo guardate in un certo modo.

Riconoscere i primi segni di un episodio dell'umore quando il vostro caro è già stato diagnosticato rende più probabile il passo per prevenire i comportamenti distruttivi, ma diventare consapevoli dei primi sintomi anche prima della diagnosi può aiutarvi a far ottenere al vostro caro l'aiuto di cui ha bisogno. Trovare un trattamento il prima possibile può risparmiare a lui e alla sua famiglia molte sofferenze e salvare la sanità mentale di tutti. Nessuno vuole vedere i propri familiari lottare per vivere una vita soddisfacente, e riconoscere i segni e fare ricerche sul perché si comportano in questo modo può essere il primo passo per ottenere le cure mediche di cui hanno disperatamente bisogno.

Comunicare con loro

Una comunicazione sana è una qualità vitale in qualsiasi tipo di relazione. Tuttavia, una persona in piena mania o depressione maggiore può essere difficile da conversare con lei. Non è in grado di comprendere ciò che gli si dice o di capire perché ci si preoccupa tanto di come si sente. Anche quando si hanno le migliori intenzioni, è possibile che il familiare opponga una forte resistenza e che gli venga chiusa la porta in faccia.

Il momento migliore per parlare con loro è quando notate che il loro linguaggio del corpo mostra che sono aperti e calmi. Se stanno piangendo istericamente o si rifiutano di rispondere con le braccia incrociate sul corpo, potrebbe non essere il momento migliore per parlare. Aspettate che sembrino rilassati e poi parlate con loro con calma. Comunicate ai vostri cari i segnali che notate e chiedete loro se stanno bene o se vogliono parlarne. Se sono aperti e disposti a parlare dei loro sintomi, potreste discutere dei passi da fare per ottenere aiuto e non sentirsi più così. Quanto prima si farà aiutare, tanto migliori saranno i suoi progressi. Se aspettate che migliorino da soli, i sintomi peggioreranno, dureranno più a lungo e diventeranno più distruttivi.

Non stupitevi se sono riluttanti o rifiutano di rivolgersi a un medico. Il vostro caro potrebbe dirvi che non ha nulla che non vada e che si sente benissimo, sensazione comune durante un episodio maniacale. Potrebbe dire che il trattamento è troppo impegnativo e che è troppo esausto per pensare di farsi aiutare in questo momento se si trova in un episodio di umore depressivo. Il vostro familiare potrebbe anche avere paura di chiedere aiuto. Cosa succederebbe se dicesse la cosa sbagliata o fosse così pazzo da essere rinchiuso in un istituto psichiatrico, lontano dalla famiglia e dagli amici? Il terapeuta penserà che sta fingendo i suoi sintomi perché gli piace ricevere attenzione? E se si comportassero così solo perché vogliono che la gente stia male per loro? Ricordare loro che le loro paure e i loro sentimenti sono validi li farà sentire ascoltati.

Fate capire loro che anche se non potete vedere fisicamente la loro malattia o condizione non la rende meno grave di una condizione che possono vedere allo specchio. Il fatto che il vostro familiare non capisca questo concetto in questo momento, non significa che un giorno, nel prossimo futuro, non lo capirà e capirà finalmente perché è importante prendersi cura della propria salute mentale.

Offrire sostegno emotivo

Iniziare una sana conversazione con il proprio familiare sui sintomi e sulla ricerca di un trattamento è il primo passo per costruire un grande sistema di supporto emotivo intorno a lui. Il disturbo bipolare ha la tendenza a far sentire le persone come se fossero diventate un peso per coloro che amano di più. Fare tutto ciò che è in vostro potere per dimostrargli che questo non è affatto vero, gli ricorda che non sono soli e che sono molto amati.

Trovare il tempo per la qualità del tempo

All'inizio può essere difficile trovare il tempo da dedicare alla persona amata. Le persone affette da disturbo bipolare spesso sentono il bisogno di isolarsi quando si sentono depresse e si sentono in colpa per aver sottoposto altre persone alla loro immensa tristezza. A volte non c'è nemmeno bisogno di parlare con loro. Anche solo sedersi con loro sul divano mentre guardano il loro film preferito dimostra loro che ci tenete e li farà sentire più a loro agio con la vostra presenza. Più il vostro familiare si sentirà a suo agio con voi, più sarà disposto a parlarvi quando sarà pronto.

Trovate altri modi per aumentare il loro livello di confidenza con voi. Fate delle passeggiate quotidiane con loro quando hanno un episodio maniacale, in modo che possano bruciare un po' di energia in più. Potreste iniziare a fare yoga insieme, in modo che entrambi possiate beneficiare del rilassamento e della consapevolezza che offre. Cercate di incorporare lentamente le loro attività preferite nella loro vita e partecipate anche voi. Non sorprendetevi se all'inizio sono riluttanti a trascorrere del tempo di qualità con voi, ma non arrendetevi. Continuate a provare e ricordate sempre che siete sempre disponibili quando sono pronti a passare del tempo con voi.

Trovare modi per ridurre i loro livelli di stress

Aiutate i vostri cari a trovare modi nuovi e innovativi per ridurre lo stress. Un livello di stress elevato è una componente chiave dell'inizio di un episodio di malumore. L'ansia per un appuntamento imminente o il turbamento per un evento traumatico possono aumentare lo stress e i sintomi possono diventare più evidenti per le persone che li vedono quotidianamente. Trovare modi più efficaci per ridurre lo stress quotidiano può dare loro maggiori possibilità di gestire i sintomi quando si verificano eventi più importanti.

Collaborare con il familiare per stabilire un programma giornaliero gestibile e realizzabile rende la sua giornata più prevedibile. Per il familiare potrebbe essere ancora meglio se tutta la famiglia avesse un programma giornaliero. La prevedibilità di un programma di routine elimina lo stress di non sapere cosa succederà quel giorno o per il resto della settimana. Avere un calendario mensile accessibile che mostri gli appuntamenti e gli eventi imminenti di tutti i membri della famiglia permette di vedere cosa sta succedendo e di essere preparati a ciò che accadrà in futuro.

Se avete un momento della settimana in cui siete sempre disponibili, potreste offrirvi volontari per aiutarli a portare a termine alcuni compiti o commissioni che devono svolgere. All'inizio potrebbero essere riluttanti, perché non vogliono farvi perdere tempo o sembrare un peso, ma con il tempo accetteranno meglio quando vedranno che state cercando di aiutarli. Offrire loro di aiutarli a pulire la stanza o a fare delle commissioni in città può dare loro la compagnia che segretamente desiderano mentre adempiono alle loro responsabilità.

Aiutate la persona amata a trovare un nuovo hobby rilassante e produttivo da praticare insieme a lei. Trovare soddisfazione in un nuovo interesse può aiutare a risollevare l'umore e a trovare conforto quando vi partecipa. Gli hobby, come le passeggiate nella natura o la pittura, possono essere uno sfogo stimolante e creativo per le loro emozioni di disagio. Il paziente potrebbe avere un talento nascosto di cui non era a conoscenza, e trovare qualcosa in cui è bravo può dargli un'iniezione di autostima e di fiducia.

Mantenere la calma e il contenuto durante gli sfoghi emotivi

Assistere a uno sfogo emotivo di una persona cara può spezzare il cuore. Vi sentite come se doveste urlare sopra la loro voce alzata per far sì che possano sentire e capire quello che state cercando di dire, come se un rumore più forte potesse improvvisamente calmarli. In quel momento può sembrare una buona idea discutere o ribattere a tutto ciò che dicono, ma le emozioni travolgenti stanno offuscando il vostro giudizio e li stanno facendo arrabbiare ancora di più. Discutere con qualcuno durante uno sfogo emotivo è controproducente e fa più male che bene.

Le persone con disturbo bipolare possono arrabbiarsi quando vengono messe di fronte al loro comportamento o quando viene chiesto loro di sottoporsi a un trattamento adeguato. Urlano, lanciano oggetti e minacciano di fare del male a se stessi o agli altri. Vogliono ottenere una reazione da parte vostra per averli fatti arrabbiare così tanto. Mantenere la calma durante gli scoppi emotivi del vostro caro può sembrare impossibile quando vi urla contro oscenità o vi sminuisce in ogni modo possibile. Ricordate che l'obiettivo da raggiungere è quello di farli calmare e pensare razionalmente in modo da poter avere una conversazione significativa con loro. Se vi arrabbiate e vi unite al loro sfogo, non farete altro che allontanarli da questo obiettivo.

Quando iniziano ad alzare la voce e a sfogare le loro frustrazioni, sedetevi e ascoltate. Riconoscete quello che stanno dicendo annuendo con la testa e lasciate che continuino fino a quando non si sono sfogati tutti. Non rispondete a meno che non vi chiedano la vostra opinione, altrimenti potrebbe sembrare che stiate sfidando i loro sentimenti o le loro emozioni. Mantenere la calma e ascoltare le loro sfuriate li farà sentire ascoltati e compresi. Quando capiranno che non avete intenzione di aggiungere altro alla follia e che state ascoltando le loro rimostranze, cominceranno a calmarsi e a capire che non c'è motivo di continuare con il loro sfogo. Vi sentirete tentati di mostrare le vostre emozioni, ma combattete questa tentazione e ricordate a voi stessi che è per il loro bene. Lasciare che si sfoghino le loro emozioni represse permetterà loro di calmarsi e di ascoltarvi. Quando saranno finalmente calmi, entrambi potrete iniziare a lavorare per ottenere risultati positivi. Tuttavia, se la situazione diventa troppo ostile e non mostra alcun segno di calma, non abbiate paura e non sentitevi in colpa se chiamate i servizi di emergenza.

Prepararsi a comportamenti distruttivi

Il primo passo verso qualsiasi tipo di successo è la preparazione. Prepararsi alla distruzione può non sembrare un successo, ma essere preparati alle ripercussioni dei comportamenti distruttivi del proprio caro significa sapere cosa fare se le cose si mettono male. La scelta di includere o meno la persona amata in questo piano è vostra, ma tenerla all'oscuro potrebbe farle provare sfiducia nei vostri confronti e in quelli degli altri membri della famiglia. Preparate un piano dettagliato con tutti i familiari coinvolti su cosa fare se notate che il vostro caro inizia a manifestare comportamenti distruttivi.

Una volta elaborato il piano dettagliato, concordate con la persona, mentre sta pensando in modo chiaro e razionale, che cosa accadrà se i sintomi iniziano a peggiorare. Dite loro in modo chiaro e conciso cosa farete, ad esempio che prenderete le loro chiavi e le loro carte di credito, o che chiamerete il loro medico per conto loro e gli farete sapere cosa sta succedendo. Se è il caso di questa persona, forse vi occuperete delle finanze della famiglia. Il motivo per cui volete che il vostro familiare pensi razionalmente quando fate questo accordo è che non volete che pensi di essere punito per una malattia mentale su cui non ha alcun controllo. Lo state facendo per il loro bene, in modo che non facciano del male a se stessi o a qualcun altro.

Creare un piano di gestione delle crisi

Nessuno vuole credere di aver bisogno di un piano per affrontare una catastrofe, ma essere preparati a una crisi significa poter fornire aiuto al proprio caro in modo tempestivo ed efficace. Mentre pianificate la vostra preparazione ai comportamenti distruttivi del vostro caro, create anche un piano su cosa fare se il vostro caro si trova nel bel mezzo di una crisi. Sapere esattamente cosa fare in quel momento può aiutarvi a reagire razionalmente anziché emotivamente. Fate un elenco di tutti i medici e terapisti del vostro familiare con i loro numeri di telefono, in modo da poterli chiamare in caso di emergenza. Mettete l'elenco in un posto che sia sempre visibile, come il frigorifero. L'ultima cosa da fare quando il tempo è prezioso è cercare l'elenco dei numeri di telefono in tutta la casa. Avere l'elenco sempre visibile permette anche alla persona di effettuare la chiamata da sola se è in casa.

Non possiamo stare con i nostri cari ogni secondo della giornata e prima o poi dovranno uscire di casa da soli. Fare un elenco dei medici, degli infermieri, dei farmaci e delle possibili allergie da tenere nel portafoglio o nella borsa diventerà una risorsa preziosa nel caso in cui abbiano un episodio grave mentre sono in pubblico. In caso di ricovero in ospedale o di chiamata di un'ambulanza, il medico o il paramedico sapranno esattamente a chi rivolgersi per ottenere informazioni e diagnosi mediche. L'elenco dei farmaci prescritti e delle allergie indica al medico con chi ha a che fare e riduce la possibilità di un'interazione avversa con i farmaci.

Infine, ma soprattutto, sapere quando è necessario chiedere aiuto. Se la persona amata ha tendenze suicide o diventa un pericolo per voi e per la vostra famiglia, non cercate di affrontarlo da soli. Chiamate immediatamente i servizi di emergenza e fate in modo che se ne occupino loro. Prima di tutto, volete che la persona amata sia al sicuro. Non sentitevi in colpa a chiamare se ne sentite il bisogno.

Siate pazienti con il loro processo di recupero

Anche se la persona amata si impegna a fondo per migliorare, le ricadute sono sempre possibili. Il trattamento è un processo per tentativi ed errori, il che significa che i farmaci che hanno funzionato all'inizio possono perdere la loro efficacia nel tempo. La prescrizione di un determinato farmaco per alleviare i sintomi non significa sempre che quello specifico farmaco funzionerà per il paziente. Solo perché un documento di ricerca o uno studio scientifico specifico mostra che il

95% dei pazienti ha mostrato un miglioramento dei sintomi, non significa che il vostro familiare non possa rientrare in quel 5% che non mostra miglioramenti.

Il recupero è qualcosa che va affrontato giorno per giorno. Alcuni giorni saranno fantastici e la persona amata si comporterà proprio come prima di manifestare i sintomi; ma altri giorni possono sembrare la fine del mondo quando i sintomi si aggravano. Ricordate che non è la fine del mondo. Significa solo che il piano terapeutico deve essere riadattato o che il farmaco deve essere sostituito con qualcosa di nuovo. Il trattamento non è una soluzione rapida per una condizione che dura tutta la vita, quindi siate pazienti e seguite il flusso.

Siate solidali

Sostenere il proprio familiare in tutte le sue giornate buone e cattive e nel suo trattamento può essere utile per la sua guarigione. Chi soffre di disturbo bipolare e vive in una famiglia piena di familiari che lo sostengono sperimenterà meno stress e meno episodi di umore. Il pieno sostegno non farà cessare un episodio maniacale o depressivo, ma i sintomi saranno più lievi. Sentire il pieno sostegno della famiglia li metterà più a loro agio quando parleranno dei loro sintomi e di come si sentono.

Accettare

L'accettazione della diagnosi del proprio caro è necessaria per sostenere la sua guarigione. Sapere e riconoscere pienamente che la vita vostra e di tutta la vostra famiglia non sarà più come prima, e accettarlo, è il primo passo per essere di supporto. Accettare il fatto che ci saranno giorni buoni e giorni cattivi e che il trattamento non è sempre un percorso diretto verso la guarigione cambierà la prospettiva di quella che sarà la vostra nuova normalità.

Accettare i limiti della persona amata

Nelle giornate no, accettate il fatto che non possono tirarsi fuori dalla mania o dalla depressione per scelta. Accettate il fatto che non possono sempre controllare le loro emozioni o quando avranno un episodio. Al contrario, potete incoraggiarli a utilizzare altri modi alternativi per affrontare e gestire i sintomi. Fate esercizio fisico con loro per aumentare i livelli di serotonina. Seguite un programma di routine per il sonno e assicuratevi che si addormentino e si sveglino alla stessa ora ogni notte. Ricordate e magari aiutateli a tenere pulita la loro stanza e la loro casa. Un ambiente caotico crea una mente caotica, quindi mantenere l'ambiente pulito e organizzato può aiutare a mantenere i loro pensieri nello stesso modo.

Accettare i propri limiti

Tutti hanno dei limiti, anche voi. Non permettetevi di credere che il successo del trattamento del vostro caro dipenda solo da voi. È il loro lavoro e la loro responsabilità a impegnarsi per guarire, non la vostra. Non fate in modo che la vostra unica responsabilità sia quella di salvarli ogni volta che sono in crisi. A meno che non si tratti del vostro coniuge o di vostro figlio, ci sono altre persone che possono aiutarli all'interno della vostra famiglia. Assumersi costantemente tutta la responsabilità del loro recupero, oltre alle proprie responsabilità, può causare un esaurimento molto rapido.

L'assunzione di ulteriori responsabilità può lasciarvi svuotati e può danneggiare la vostra salute mentale e fisica. Se sentite che lo stress di essere il custode di una persona cara è troppo grande da sopportare, non abbiate paura di chiedere aiuto a voi stessi. Non si può versare da una tazza vuota, quindi ricordate di dare priorità anche alla vostra salute mentale e fisica.

Concentratevi anche sulla vostra vita

Dovete concentrarvi sulla vostra vita e permettere a voi stessi di venire prima di tutto. Non abbiate paura di stabilire dei limiti con la persona amata e con la vostra famiglia. Sentitevi liberi di dire "no" se non potete trovare il tempo di fare qualcosa per loro perché avete impegni o programmi precedenti. Potete avere la vostra vita, anche se vostro figlio o il vostro coniuge ha una malattia mentale, ma questo non significa che dobbiate sempre metterli al centro dell'attenzione.

Essere un caregiver può portare molto stress nella vostra vita. Assicurarsi di gestire il proprio stress mentre si cerca di aiutare la persona amata a ridurlo può evitare di diventare troppo stressati e sopraffatti dalle nuove responsabilità. Prendersi del tempo in più per stare da soli e raccogliere i propri pensieri anche solo per pochi istanti non è un crimine e non ci si deve sentire in colpa per questo.

CAPITOLO 9: MODI PER PREVENIRE FUTURI EPISODI DI MALUMORE

Adottare consapevolmente azioni che possano prevenire o ridurre la gravità di un episodio di malumore può rendere il trattamento più facile e di maggior successo. La semplice ricerca di aiuto e di diversi tipi di trattamento è un passo avanti per rimettere insieme la propria vita. Farsi aiutare da una malattia che può avere un grave impatto su ogni aspetto della vita, sia essa fisica o mentale, non è qualcosa di cui vergognarsi, ma che va celebrato. Dimostra che ci si ama abbastanza da cercare di migliorare e che, nel profondo, si sa di meritare di essere felici.

Cercare un trattamento il prima possibile

A questo punto sono sicuro che avete visto quanto un disturbo bipolare non trattato possa essere dannoso per la vostra vita, il vostro lavoro, la vostra reputazione e le vostre relazioni. Sfortunatamente, il semplice desiderio che i sintomi passino da soli non funziona. Ecco perché trovare un trattamento il prima possibile è così importante per tutti gli aspetti della vostra vita. Cercare di risolvere tutti i sintomi con l'autocontrollo e la forza di volontà non servirà a nulla se alcuni giorni non si ha nemmeno la forza di volontà di fare il bagno. Il trattamento può aiutarvi a rimettere insieme i pezzi della vostra vita mentre iniziate a stare meglio.

Mantenere un programma di sonno regolare

La mancanza di una quantità sostanziale di sonno, anche solo per una notte, può scatenare un episodio maniacale o depressivo. Cercate di stabilire un programma di sonno gestibile che vi permetta di addormentarvi e svegliarvi alla stessa ora ogni giorno. A volte può essere necessario modificare il programma di sonno a causa delle responsabilità lavorative o di una serata programmata, ma assicuratevi di dormire almeno otto ore a notte per sentirvi concentrati e riposati al risveglio.

Mantenere la stanza pulita e confortevole permette di dormire bene. Svegliarsi in una stanza pulita può far iniziare la giornata con una nota positiva e di buon umore. Se vi svegliate in una stanza che sembra essere stata colpita da una bomba atomica, vi sentirete immediatamente irritati e vorrete tornare a dormire per non doverci fare i conti.

Cercate di evitare gli schermi almeno un'ora prima di andare a dormire; questo include televisori, computer portatili e telefoni cellulari. La luce blu emessa dagli schermi stimola il cervello e rende più difficile rilassare i pensieri per addormentarsi. Anche le situazioni di stress, come la visione del telegiornale o una discussione, possono rendere difficile addormentarsi. Vi accorgerete che i vostri pensieri corrono pensando a ciò che avreste dovuto dire durante la discussione o all'evento traumatico che avete visto al telegiornale della sera; quando invece i vostri pensieri dovrebbero rallentare, permettendovi di addormentarvi.

Prestare attenzione ai segnali di pericolo

Prestate attenzione ai segnali di allarme che avete imparato a conoscere prima dell'inizio di un episodio di umore. Rendersi conto della ricomparsa dei sintomi e dei cambiamenti che possono averli scatenati può sensibilizzarvi ad altri possibili sintomi maniacali o depressivi maggiori. Quando compaiono le bandiere rosse di un episodio imminente, potete avvertire la vostra famiglia e i vostri amici di tenervi d'occhio. Potete poi contattare il vostro terapeuta o il vostro medico e vedere quali sono i loro consigli per voi.

Evitare droghe e alcol

Evitare le droghe e l'alcol è una buona raccomandazione per tutti, tuttavia le persone con bipolarismo possono sperimentare sintomi peggiori se abusano di queste sostanze. Potreste non condividere le stesse esperienze di altre persone quando bevono alcolici o abusano di droghe. Potreste diventare più solitari o pieni di rabbia. I sintomi continueranno a peggiorare e la durata degli episodi sarà più lunga e più frequente. Le droghe e l'alcol possono interagire terribilmente con i farmaci e provocare gravi malattie e, in alcuni casi, la morte è un effetto collaterale dell'interazione. La combinazione di droghe o alcol con i farmaci può anche renderli inefficaci.

Assumere i farmaci come indicato

Assumere il farmaco secondo le indicazioni del medico significa non prendere più di quanto si deve e non interrompere l'assunzione senza supervisione. L'assunzione di una quantità superiore a quella prescritta può causare un'overdose o un grave episodio maniacale e, eventualmente, una rottura psicotica della realtà. Un episodio grave o un crollo psicotico possono portare a un ricovero psichiatrico per suicidio per giorni e giorni, una paura che la maggior parte delle persone affette da malattie mentali ha già. L'assunzione di altri farmaci senza il parere del medico non vi farà sentire meglio.

Decidere di interrompere bruscamente l'assunzione di un farmaco comporta una serie di problemi. Quando iniziate a sentirvi meglio e i vostri sintomi sono gestibili, sarete tentati di smettere di prenderli. Inizierete a dimenticare il motivo per cui li stavate assumendo, visto che ora vi sentite molto più felici e in salute. I vostri progressi sono in gran parte dovuti ai farmaci e dovete continuare a prenderli per continuare a sentirvi meglio e a progredire nella vostra guarigione. Se smettete, i sintomi torneranno senza dubbio, e forse torneranno più forti di prima. Alcuni farmaci comportano una crisi di astinenza, come se si stesse smettendo di assumere droghe pesanti. Se avete la sensazione che i vostri farmaci non stiano funzionando, contattate direttamente il vostro medico invece di prendere in mano il trattamento. Il medico potrà disabituarvi lentamente all'uso del farmaco, sostituendolo con uno nuovo.

Alcune persone sentono il bisogno di interrompere l'assunzione dei farmaci per una sola notte, in modo da avere quell'energia maniacale mentre si affannano a finire un progetto o a studiare per gli esami. Altre persone sentono la mancanza della gioia di avere tanta energia e di quanto erano in grado di realizzare in poco tempo. Decidere di non prendere il farmaco anche solo per un giorno può vanificare l'intero trattamento e costituire l'inizio di un episodio grave. Le sensazioni familiari della mania saranno euforiche e forse si inizierà a credere di non aver più bisogno dei farmaci, ricadendo lentamente nelle abitudini precedenti. Mantenere una routine quotidiana coerente con i farmaci aiuterà a prevenire un possibile episodio di umore e ad evitare di tornare ai comportamenti distruttivi di un tempo.

Dovrete lottare costantemente contro la vostra malattia mentale quando vi dirà che state bene e che non avete bisogno di medicine, ma non credeteci. È questo che fanno le malattie mentali, è il loro lavoro. Vi fanno dubitare di voi stessi, di chi vi circonda e dei motivi che vi spingono a curarvi. Danneggiano la vostra capacità di pensare in modo chiaro e razionale e distorcono le vostre convinzioni per riflettere le vostre più grandi paure.

CONCLUSIONE

Spero che questa guida al disturbo bipolare sia un valido compagno nel vostro viaggio verso la guarigione. Conoscere la differenza tra i vari tipi di disturbo bipolare e i relativi sintomi può darvi una nuova prospettiva su ciò che voi o il vostro caro dovete affrontare quotidianamente.

Imparare a conoscere le modalità di trattamento del disturbo bipolare e i modi alternativi per trattare i sintomi a casa propria può darvi gli strumenti necessari per andare avanti e migliorare il vostro benessere mentale ed emotivo.

Ricordarsi di sostenere emotivamente e fisicamente la persona amata mentre lavora duramente per migliorare può aprire nuove porte al modo di comunicare e di legare con lei.

I consigli e le tecniche che vi sono stati forniti per prevenire futuri episodi maniacali e depressivi possono non funzionare sempre, ma vi permetteranno di essere molto più consapevoli del peggioramento dei sintomi e di essere più preparati a ricevere l'aiuto necessario, non appena ne avrete bisogno.

CONCLUSIONE